¿En verdad sabes quién es tu cliente?

6 herramientas que te ayudarán a saberlo

Patricia Díaz

¿En verdad sabes quién es tu cliente? - *Patricia Díaz*

¿En verdad sabes quién es tu cliente? - *Patricia Díaz*

A Valeria. Gracias por tanto.

Contenido:

Capítulo 1 9
Beneficios de conocer a tu cliente 9
   6 Beneficios reales de conocer a tu cliente ... 12
Capítulo 2 16
Público Objetivo 16
   Cómo seleccionar a tu Público Objetivo . 17
   Cómo y dónde aplicar los conceptos de público objetivo 19
Capítulo 3 21
Buyer Persona 21
   Cómo crear un buyer persona 23
   ¿Para qué crear a tu Buyer Persona? 25
   Ejemplo de Buyer Persona 26
Capítulo 4 28
Diagrama de empatía 28
   Diagrama de Empatía y Buyer Persona 29
   Cómo elaborar el Diagrama de Empatía 33
Capítulo 5 39

Value Proposition Canvas **39**
Cliente 41
Producto 44
Lienzo VPC 47
Capítulo 6 .... **48**
Jobs to be done **48**
Pasos de esta metodología: 50
Cuándo utilizar Jobs To Be Done 51
Capítulo 7 .... **53**
Custumer Journey Map **53**
Elementos del Customer Journey Map ... 53
Ejemplo: **55**
Conclusiones **61**
¿Quieres tener acceso a contenido similar a éste que te ayude a hacer crecer tu empresa? **65**
Referencias para continuar aprendiendo sobre este tema: **67**

Introducción:

Si existiera una representación teatral que tratase sobre un negocio, definitivamente no podrían faltar alguno de los siguientes tres elementos:

- ✓ El emprendedor
- ✓ El producto
- ✓ El cliente

Si alguno de estos actores no aparece en escena, el negocio no sería representado en su totalidad, pues cada uno de ellos juega un papel primordial.

Sin embargo, es muy frecuente observar a emprendedores que conocen muy bien sus capacidades y sus deseos, conocen su producto o servicio, pero no terminan de tener muy en claro **quién es su cliente**.

¿Por qué lo noto?

> **Porque quienes no saben quién es su cliente por lo general tienen negocios poco "atractivos".**

Quienes no saben realmente a quién le entregarán sus productos o servicios

- no tienen un lenguaje adecuado para dirigirse a sus clientes
- no han desarrollado una imagen de acuerdo a lo que su cliente espera,
- quieren vender a todo el mundo y al final concretan pocas ventas,
- no crean fidelización con clientes
- no enfocan sus esfuerzos de publicidad y mercadotecnia para que sus prospectos los encuentren.

Conocer a tu cliente es sencillo, sólo se requiere de observación, investigación y usar algunas de las herramientas que en este libro de presento.

Este libro tiene como objetivo que logres comprender la **importancia de conocer a tu cliente** como elemento esencial para lograr la supervivencia de tu negocio.

Además, te dará a conocer diferentes herramientas que puedes utilizar para empatizar con tus clientes y, a partir de aquí, desarrollar productos y servicios que entreguen valor y sean atractivos a tus posibles consumidores, entendiendo que **la entrega de valor es la clave para el éxito de cualquier negocio.**

> **la entrega de valor es la clave para el éxito de cualquier negocio.**

Te recomiendo iniciar este libro por el capítulo 1 que habla de los Beneficios de conocer a tu cliente. Y después puedes jugar con el orden de los siguientes capítulos; pues cada uno habla de las herramientas por separado.

No olvides leer las conclusiones, pues está diseñada para que puedas tener una visión global de todas las herramientas

También encontrarás al final bibliografía de apoyo por si quieres adentrarte más en algún tema. Cada herramienta da para hacer un libro completo, lo que aquí te presento es un resumen de las ideas más importantes de cada una de ellas.

Capítulo 1

Beneficios de conocer a tu cliente

En la introducción hablábamos de existen 3 actores que no pueden faltar en un negocio

- ✓ Emprendedor
- ✓ Producto/servicio
- ✓ Cliente

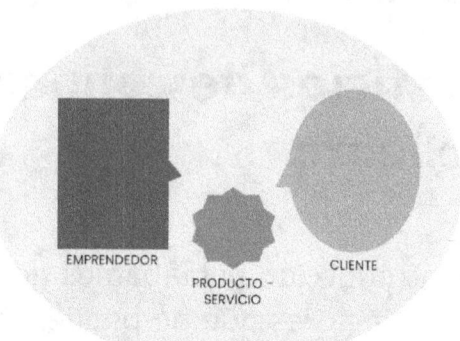

Siendo los tres, igual de importantes.

Sobre **el emprendedor** te diré que es primordial que desarrolle habilidades y competencias que lo apoyen para poder cumplir con las exigencias que demanda el sostener y hacer crecer, **a lo largo del tiempo**, un negocio.

Y resalto la frase "a lo largo del tiempo" porque son diferentes las habilidades que se requieren para arrancar un negocio, que las que son necesarias para mantenerlo vivo.

Como analogía te reto a probar que no es lo mismo sostener un vaso con agua durante 1 minuto que sostenerlo por un día entero; para poder sostener un vaso con agua durante todo un día no sólo es necesaria la fuerza física, sino también la fuerza mental.

Sobre el **producto o servicio**, lo más importante es asegurar que éste entregue valor al cliente. Y a su vez, que sea desarrollado y acompañado por procesos que garanticen: constancia en el resultado y eficiencia en los procesos.

Para ofrecer un producto o servicio que entregue un valor en uso mayor al valor monetario que el cliente paga por él; toda empresa debe esmerarse en conocer al cliente para en base a sus demandas y necesidades, desarrollar los productos que se ofrecerán.

Además, todo producto o servicio deberá elaborarse bajo procesos ordenados y agrupados en sistemas que garanticen la constancia en la entrega de valor al menor costo posible sin sacrificar las garantías que el cliente espera.

Y sobre **el cliente**, que es el tema de este libro, lo más importante será identificarlo y conocerlo, con el objetivo de asegurar una conexión fuerte y duradera entre la empresa y el cliente. Una relación que promueva el intercambio de valor que a su vez garantizará la supervivencia y crecimiento del negocio.

***

Hay una realidad que no podemos evitar y te describo en estos tres puntos:

1. Los clientes cada vez somos más exigentes; esto se debe a que tenemos un mundo de información al alcance que nos permite comparar fácilmente beneficios y opiniones de varios productos diferentes en cuestión de minutos.
2. A los clientes no nos gusta que nos vendan, pero nos encanta comprar. La gran diferencia radica en la forma en la que nace la transacción de compra-venta
3. Los clientes no buscamos productos o servicios, buscamos experiencias y beneficios que eleven nuestra calidad de vida y nos proporcionen sentimientos de realización o seguridad.

Por consiguiente, tomando como base esta realidad, es imperativo identificar a los posibles clientes de nuestra empresa. Para de esta forma lograr entablar relaciones a largo plazo con ellos, tomando en cuenta sus necesidades y los beneficios que de nuestra empresa desean obtener.

6 beneficios reales de conocer a tu cliente

- **Diseño de productos y servicios atractivos, aminorando el riesgo de no aceptación:**

¿Porqué hay tanta variedad de libretas en una papelería? Porque cada una está diseñada para un segmento de clientes en especial. Hay libretas económicas diseñadas para tomar notas de corta vida, hay libretas con separaciones para quienes desean hacer anotaciones para diferentes temas; también están las libretas de pasta gruesa para uso rudo, las de diseño ejecutivo con pastas de piel y las mini-libretas que puedes traer en tu bolso a todas partes.

Al conocer a tus clientes sabrás sus gustos y preferencias, y esto facilitará el diseño de productos y servicios atractivos para cierto segmento de mercado, aumentando así la probabilidad de éxito y aceptación.

- **Fidelidad:**

La fidelidad de un cliente no se alcanza aplicando una oferta o promoción especial, se alcanza con la satisfacción recurrente de sus necesidades, entregando valor y superando expectativas. Dándole algo que no toda empresa está dispuesto a darle.

El ejemplo más típico es Apple; que jamás ha puesto en remate sus productos, y sin embargo goza de clientes fieles y promotores de la marca.

Para lograr fidelidad en los clientes es imprescindible conocerlos; sería imposible entregar valor a una persona de la cual no sabemos lo que quiere.

- **Publicidad de boca a boca (la más efectiva)**

¿A cuántas empresas has recomendado por el simple hecho de haber tenido una buena experiencia con ella?

Lo que la mayoría de las empresas que logran ser recomendadas hacen, es satisfacer de una manera diferente a sus clientes, lograr "salir del montón" y tener un detalle característico, aunque sea pequeño, pero de gran valor para el cliente.

Al satisfacer necesidades específicas de nuestros clientes nos volvemos relevantes para ellos y eso hace que nos recomienden a terceras personas. Lo cual sólo puede ser logrado si conocemos las necesidades del cliente, cómo satisfacerlas y cómo lograr que hable bien de nosotros.

- **Detectar tempranamente oportunidades de negocio**

De haber sabido Kodak que a sus clientes les encantaba tomase fotografías, que odiaban tener contados los flashes, limitado el número de fotos y sentir el riesgo permanente de perder las fotografías con un mínimo error de sacar mal el rollo; probablemente no hubieran quebrado.

La cercanía con los clientes y el análisis de sus necesidades y preferencias incentiva la innovación y la creación de productos y servicios que satisfacen las necesidades del cliente a través del tiempo.

- **Extender el Valor de Tiempo de Vida del Cliente**

El Valor de Tiempo de Vida de un cliente, se refiere a el beneficio neto asociado con un cliente a lo largo de su ciclo de vida como consumidor dentro de la empresa.

Suponiendo un restaurante de desayunos que está justo enfrente de una gran universidad.

En promedio, un estudiante va a este establecimiento 2 veces por semana y cada vez que asiste consume $100 pesos. Sabiendo que cada estudiante, en promedio está 4.5 años en la universidad pudiéramos decir que cada estudiante tiene un valor a través del tiempo de:

2veces x $100 pesos que consume =
200 por semana x 52 semanas por año
= $10,400 por año x 4.5 años de vida
como consumidor = $46,800

Extender el valor a través del tiempo de cada cliente significa elevar el consumo promedio del cliente, el número de veces que nos visita y el tiempo que perdura como cliente del negocio.

Conocer al cliente te permitirá idear y poner en práctica estrategias que resulten en una extensión del valor del tiempo de cada cliente y gozar de los beneficios que esto trae consigo.

- **Mayores beneficios económicos**

Al conocer al cliente, hacer productos específicos para ellos, lograr su fidelidad, aumentar el valor del tiempo de vida del cliente y lograr que los mismos consumidores sean promotores de nuestra marca, traerá a la empresa, indudablemente, mayores ingresos y con ello mayores beneficios económicos

Además, cabe señalar que las campañas publicitarias para atraer a clientes específicos son más rentables que las campañas publicitarias lanzadas a las masas y además es mucho más económico lograr que un usuario nos vuelva a comprar que captar un nuevo cliente; por lo tanto, además de aumentar ventas, lograremos disminuir algunos costos.

Capítulo 2

Público Objetivo

El primero de los términos con el que deberás estar muy familiarizado es Público Objetivo

Público objetivo es un segmento **demográfico** y/o **conductual** de un grupo de personas que se eligen como posibles clientes de un producto o servicio.

Podemos definir nuestro público objetivo a través de algunos criterios demográficos, como edad, sexo, estado civil, educación y nivel socioeconómico.

O definirlo en base a criterios conductuales como frecuencia de uso del producto, estilos de compra, manejo de redes sociales o beneficios buscados al adquirir el producto.

La clasificación demográfica y conductual pueden complementarse de acuerdo con el segmento al que se enfocará la empresa, para de esta forma tener una descripción completa sobre nuestro público objetivo.

Cada tipo de público demanda un tratamiento diferente, y por ello la importancia de definirlo; por ejemplo: no es lo mismo dirigirte a un señor de 60 años que a una joven adolescente de 13 años

    Es por esto que en el momento en que la empresa elige su público objetivo los esfuerzos para promover los productos y servicios encuentran un enfoque y llegan más fácilmente a posibles clientes

Cómo seleccionar a tu Público Objetivo

Para poder conocer quiénes son tus posibles consumidores deberás:

1. Describir tu producto en base a beneficios y problemas que soluciona

2. Investigar el segmento de la población que pudiera estar afectada por el problema o necesidad en cuestión y que pudiera estar dispuesta a pagar por obtener los beneficios o la solución que propones

3. Describir demográficamente a tu posible cliente.

    Edad, género, Nivel socioeconómico, grado de estudios, localización geográfica, poder adquisitivo

4. Describir conductualmente a tu posible cliente
Redes sociales que visita, hábitos de consumo, frecuencia de consumo del producto, beneficios buscados

Siguiendo estos 4 pasos pudieras tener una descripción de público objetivo como la del siguiente ejemplo:

Público Objetivo:

Hombre de 30 a 50 años, con un nivel de ingresos superior a los 50mil pesos mensuales, profesionista, casado, con acceso a tarjeta de crédito e intenet, acostumbra visitar Instagram, twitter y youtube. Le gusta vestir con ropa de marca reconocida

Cómo y dónde aplicar los conceptos de público objetivo

Con los datos recabados para seleccionar al público objetivo podrás:

- Definir un lenguaje para dirigirte a tu posible cliente (hablar de usted, de tu, como colegas, como autoridad, como subordinado, etc)

- Definir los medios en lo que publicitarás tu marca (qué redes sociales usar, revistas, periódicos, etc)

- Emplear Storytelling alusivo a los beneficios que reciben los usuarios

- Definir el diseño gráfico de la marca (tipografía, colores, imágenes)

Un resultado inevitable al definir estos puntos será la optimización de recursos. Ya que al enfocarte en un público con una mayor probabilidad de convertirse en cliente obtendrás mejores resultados y tu costo de taza de conversión (personas que se convierten en clientes) será menor.

Mientras más información de tu público objetivo recabes, mejor será el resultado de tus campañas de mercadotecnia.

Capítulo 3
Buyer Persona

Este concepto se base en el trabajo realizado para encontrar a tu público objetivo (Capítulo 2 de este libro).

Una Buyer Persona es un **perfil ficticio** elaborado a partir de **datos reales** recabados de clientes o posibles clientes. (Buyer en inglés significa comprador)

> **Tu Buyer Persona es un personaje que representa al cliente ideal.**

La principal diferencia con el concepto del capítulo anterior es que mientras el Público Objetivo es genérico, el Buyer

Persona tiene características más específicas

El concepto de Buyer Persona fue inventado por Alan Cooper, un programador que encontró en esta herramienta la solución para lograr empatizar de mejor manera con el cliente y con ello facilitar la creación y el desarrollo de software que lograban satisfacer de mejor manera las necesidades del cliente final.

Hoy en día numerosas marcas, y no solamente de software, trabajan con este concepto para crear sus estrategias de desarrollo de productos y mercadotecnia.

Este concepto no debe faltar en este libro porque sé que te ayudará en diferentes procesos de creación de valor dentro de tu empresa.

***

En alguna bibliografía o material de estudio te podrás encontrar este concepto como "avatar"; haciendo referencia al personaje que puede elegir el usuario de los videojuegos.

Cómo crear un buyer persona

Como mencionamos anteriormente, el objetivo principal de crear este personaje es poder visualizar más fácilmente a nuestro cliente ideal, para de esta forma facilitar el desarrollo de productos, servicios y estrategias que sean valoradas por el usuario final y con ello lograr mayor éxito como empresa.

Para crear el Buyer Persona es necesario recabar el mayor número de **datos reales** referentes a:

- ✓ Quiénes son nuestros clientes actuales
- ✓ Quiénes son los "mejores clientes"
- ✓ A qué se dedican (estudiantes, trabajadores independientes, empleados, empresarios)
- ✓ Cuáles son sus principales costumbres (en qué emplean su tiempo, la mayor parte de su tiempo es ocio o trabajo, realizan deporte, son sedentarios, pasan la mayor parte del tiempo al aire, en casa o en una oficina, que medio de transporte usan, etc.)
- ✓ Cuáles son sus aspiraciones (a qué le dan valor, qué sueños tienen, qué aspiran ser, hacer o tener)
- ✓ Cuáles son sus hábitos de consumo (compran impulsivamente, o sólo compran cuando tienen determinada necesidad, compran de forma planeada, manejan presupuesto,

cuál es su nivel de endeudamiento, prefieren pagar en efectivo o con tarjeta, prefieren comprar en línea o presencial etc.)
✓ Cómo se informan (que es lo que escuchan y ven para la toma de decisiones diaria, que redes sociales visitan, leen periódico o prefieren el radio, etc.)

> **Las Buyer Personas se basan en datos, no en las suposiciones.**

Cabe señalar, que una empresa puede tener más de un Buyer Persona descrito como su cliente ideal, pero también debo decir que tener muchos Buyer Persona por empresa, en lugar de simplificar y enfocar esfuerzos puede causar confusión.

¿Para qué te servirá crear a tu Buyer Persona?

- ✓ Para empatizar con tu cliente y entender sus necesidades y comportamiento
- ✓ Conocer mejor a tu público. Gustos y preferencias, costumbres, necesidades y miedos principalmente
- ✓ Comprender el valor de tu producto para el público. Qué es lo verdaderamente importante para él y cuál es el beneficio real que espera de tu producto o servicio.
- ✓ Definir canales de comunicación con el público. Qué escucha, qué ve, y dónde lo puedes encontrar.

- ✓ Establecer pautas de Marketing de Contenidos. Qué valor de forma gratuita le puede entregar para ganar su confianza
- ✓ Definir el mejor lenguaje y tono de voz. Cómo puedes lograr que te escuche
- ✓ Optimizar la experiencia del usuario. Qué tipo de experiencias serían memorables para tu Buyer Persona

Ejemplo de Buyer Persona

Nombre: Samantha

Ella es una chica de 18 años, estudiante de una carrera profesional en una universidad pública. A Samantha le emociona llegar a la mayoría de edad y está en el camino del descubrimiento de ella misma; por lo tanto, busca en la moda, el maquillaje y los accesorios una forma de expresar y gritarle al mundo quien es, qué le gusta y marcar una diferencia con el resto de sus amigas.

Aunque le gusta saberse diferente aún le aterra ser señalada, por lo que busca dentro de tendencias marcadas y avaladas por líderes su verdadera personalidad.

Ella aún no tiene ingresos propios, pero cuenta con el apoyo de sus padres para la compra de artículos personales en cierto rango de precios que no llamen demasiado la atención de sus padres e inciten al cuestionamiento que la lleven a tener que defender su postura.

Le gusta compartir con amigas, cree en el maquillaje como forma de expresión y resaltar su belleza, cree que los productos hechos en base a ingredientes naturales son mejores que los hechos con ingredientes químicos, ama a su mascota por lo que no estaría dispuesta a apoyar a una marca que no asegure estar libre de maltrato animal.

A Samantha le gusta pertenecer a una comunidad de chicas como ella, le encanta seguir a influencers que se atreven a gritarle al mundo lo que alguna vez ella estará dispuesta a gritar.

Capítulo 4

Diagrama de empatía

El Diagrama de Empatía es una herramienta de Design Thinking desarrollada por XPLANE

Es uno de los instrumentos más utilizados para que las empresas logren ponerse en los zapatos de sus clientes y con esto crear diseños acordes a lo que funciona mejor para determinado segmento de clientes.

El concepto de empatizar con el cliente últimamente ha tomado gran fuerza; esto se debe a los resultados tan favorables que tiene esta práctica la cuál ha sido muy difundida por la metodología de Design Thinking.

El Design Thinking establece a la empatía como el punto de partida para lograr el éxito en cualquier diseño. Su enfoque en las personas le permite ser utilizado en una amplia variedad de diseños: Diseño de productos, procesos, marcas, estrategias de marketing y más.

El diagrama de empatía permite que las empresas conozcan a fondo a sus clientes, para de esta manera poder satisfacer mejor sus necesidades a través del diseño.

La gran ventaja que tiene esta metodología es su simpleza y efectividad. Al ser un instrumento gráfico, facilita su lectura y comprensión.

Otro beneficio de esta metodología es, que al centrarse en 6 elementos, logra objetividad y consigue que las características más importantes del cliente sean plasmados por igual en cada tipo de cliente que se llega a analizar bajo esta metodología.

Diagrama de Empatía y Buyer Persona

Hemos hablado en el anterior capítulo del Buyer Persona y la importancia de investigar y recabar datos reales para crear a este personaje ficticio.

El Diagrama de Empatía es considerado por muchos un instrumento que sirve como guía para conseguir la información necesaria para crear el Buyer Persona. Más sin embargo, para crear el Buyer Persona, es necesario además de utilizar el Diagrama de Empatía, observar y determinar otros elementos que pudieran ser de utilidad para crear al personaje de cliente ideal.

Por lo tanto, el Diagrama de Empatía pudiera ser una guía y un complemento en la creación del Buyer Persona.

Sin embargo, el diagrama de empatía tiene una diferencia muy significativa con el Buyer Persona y es que la información plasmada en el Diagrama parte de la empatía, es decir de **suponer que nosotros somos el cliente** y no necesariamente de datos reales como es el Buyer Persona. Por lo tanto, cuando las empresas aún no tienen clientes reales, o bien no tienen el tiempo de recabar toda la información que demanda la creación de un Buyer Persona, pueden recurrir al Diagrama de Empatía para conocer desde los diferentes puntos de vista a su cliente.

Por lo mismo, es importante llenar el Diagrama de Empatía en equipo, de preferencia formado por personas de diferentes disciplinas que pudieran empatizar desde diversos puntos de vista con el cliente

¿En verdad sabes quién es tu cliente? - *Patricia Díaz*

Diagrama de Empatía

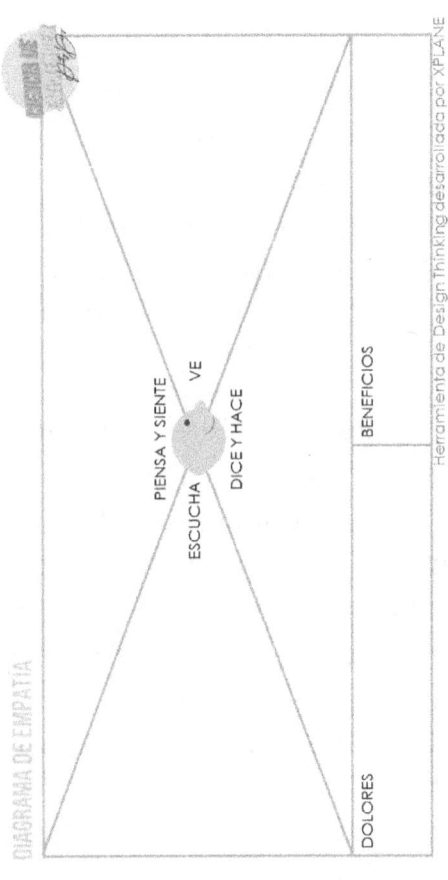

Cómo elaborar el Diagrama de Empatía

Para elaborar un Diagrama de Empatía es necesario que el equipo designado, de preferencia multidisciplinario, asigne un tiempo y espacio dedicado exclusivamente para trabajar en esta actividad.

El espacio debe propiciar la creatividad y la interacción: debe contar con suficiente luz, alguna pizarra o pantalla en donde el diagrama sea visible para todos los participantes, trozos de papel que se puedan pegar y despegar del diagrama conforme vaya evolucionando la sesión, lápices o bolígrafos para los participantes y de menos una persona que conozca la metodología y que pueda fingir como instructor y si lo desea, como participante.

Hay 6 preguntas que el equipo debe hacerse de forma ordenada y que los integrantes deberán resolver de forma libre y sin juicios, pero si con argumentos que avalen sus puntos de vista.

1. ¿Qué es lo que la persona piensa y siente?

Esta pregunta se debe resolver pensando en lo que el cliente puede pensar y sentir acerca de tu producto o servicio.

Algunas preguntas que pueden apoyar en la búsqueda de respuestas son:

- ¿Cuáles son los sueños de la persona?
- ¿Qué le preocupa?

- ¿Cómo se siente ante la sociedad?

2. **¿Qué es lo que oye?**

   Esta pregunta deberás responderla en base a lo que se sabe o se cree que el usuario suele escuchar de otras marcas, consumidores o círculo de influencia. También se tomará en cuenta sus fuentes en las cuales se apoya para estar informado.

   Preguntas de apoyo en ésta pregunta son:

- ¿Quién influencia a esa persona?
- ¿A quién admira y a quién ve como alguien de realce?
- ¿De qué canales de comunicación es seguidora?
- ¿Con qué marcas se identifica?

3. ¿Qué es lo que ve?

Como en la pregunta anterior, más allá de la capacidad biológica, lo que el cliente ve se refiere a la realidad a la que tiene acceso. Entender su realidad es lo que se buscará al resolver este cuestionamiento. Algunas de las preguntas de apoyo en este punto son:

- ¿Cuál es su visión del mundo?
- ¿Quién compone su círculo social?
- ¿Qué hechos son recurrentes en su cotidiano?

4. ¿Qué es lo que dice y hace?

En esta pregunta, los integrantes del equipo deberán empatizar con el cliente en relación a lo que éste dice y hace en relación a tu producto o servicio. Cómo reacciona cuando está frente a él.

Las preguntas de apoyo pueden ser:

- ¿La persona actúa de acuerdo con lo que piensa y siente?
- ¿La persona actúa de acuerdo a lo que dice?
- ¿Cuáles son los hobbies de esta persona?

5. ¿Cuáles son sus dolores?

Los dolores se refieren a los problemas y obstáculos a los que se enfrenta.

Se toman en cuenta tanto los problemas que lo orillan a buscar tu producto o servicio, los dolores que siente al realizar la compra.

Para entender mejor estas cuestiones, pregunta:

- ¿A qué le tiene miedo?

- ¿Cuáles son sus frustraciones?
- ¿Qué debe sobrepasar para llegar a lo que necesita?

6. ¿Cuáles son sus necesidades o que beneficios busca?

El cuestionamiento aquí es entender cuál es la versión de éxito o de "beneficio recibido" para tu cliente en relación a tu producto o servicio. Es decir, satisfaciendo qué necesidades el cliente estaría contento.

- ¿Qué es lo que la persona entiende por éxito?
- ¿Cuáles son sus objetivos?
- ¿Qué solución encajaría perfectamente en sus necesidades?

Una vez que todo el equipo logre llenar el diagrama de empatía - puede ser que tome más de una sesión- lograrás entender mejor al cliente a través de haberte puesto en su lugar y sentir las emociones que muy probablemente tu cliente experimenta.

Ejemplo de Diagrama de Empatía

A continuación de presento un diagrama de empatía de una empresa ficticia, me gustaría lo leyeras con dos objetivos principales en mente:

1. Conocer cómo se hace un diagrama de empatía a través de un ejemplo
2. Colocarte como CEO de la empresa en cuestión y analizar si esta información que estás recibiendo de tu cliente

despierta en ti ideas para acercarte a tu cliente, ofrecerle tus productos, desarrollar productos nuevos, planear campañas de mercadotecnia a través de ofrecer contenido y mostrar los productos.

Empresa:

Dulces La Chatita

Elaboración y venta al mayoreo y menudeo de dulces regionales sin colorantes ni productos químicos

Principales Clientes:

Turistas que visitan la ciudad

Personas de la localidad que les gustan los postres tradicionales, ricos y naturales

Cliente a analizar:

Mujeres entre 40 y 60 años, que les gusta tener dulces regionales para ofrecer a sus familias como postre.

También compran estos dulces cuando asisten a reuniones sociales y quieren llevar algo rico a la anfitriona.

Cuando llegan a salir de la ciudad a visitar a familiares, les gusta llevar dulces regionales como regalo y muestra de cariño.

También cuando reciben visitas en casa, les gusta tener un buen dulce para ofrecer de postre.

Diagrama de empatía:

(por cuestiones prácticas y para facilitar la legibilidad se hará el diagrama como texto, aunque recomiendo ampliamente hacerlo en forma gráfica basándose en el gráfico presentado)

¿En verdad sabes quién es tu cliente? - *Patricia Díaz*

1. *¿Que ve el cliente?*

    Es ama de casa, su principal interacción es con su familia (esposo e hijos), sus hijos están en edad adolescente y adulta,

    Convive con otras mujeres también amas de casa, sus hermanas y con su mamá y su suegra.

    Ve constantemente ofertas en supermercado, ofertas de amigas emprendedoras, novedades en tiendas en línea.

    Ve que hay enfermedades y sobrepeso por excesos en consumo de productos procesados

    Su principal fuente de información está en redes sociales y en noticieros de televisión

2. *¿Que escucha el cliente?*

Es influenciada principalmente por su familia y su autoridad femenina (madre y suegra)

De su familia escucha comentarios halagadores cuando la comida en casa está rica y a tiempo servida en la mesa

Escucha redes sociales con información de nutrición, meditación, decoración de espacios

Pertenece y participa en todos los grupos de la familia

Escucha los comentarios de amigas sobre moda, administración del tiempo, decoración de casa, viajes en familia, elaboración de platillos en casa y compra de comida

3. ¿Qué piensa y siente?

Normalmente planea cómo administrar mejor su tiempo y hacer su rol como madre de familia y ama de casa

Siente satisfacción al ser reconocido su esfuerzo en casa

Siente cansancio por tantas tareas que desea realizar al mismo tiempo

Piensa en formas de simplificar su día a día y tener tiempo para visitar a su madre y a su suegra que requieren de su apoyo

4. ¿Qué dice y hace el cliente?

Nuestro cliente normalmente habla de la administración de su tiempo para hacer todas las cosas que una ama de casa hace

Dedica la mayor parte de su tiempo a atender a su familia

Normalmente visita a familiares fuera de la ciudad 2 veces al año

Y de menos una vez al año hospeda familiares en su casa

Cada fin de semana tiene, en su casa o en otras casas, reuniones con otras familias de amigas.

5. ¿Cuáles son sus dolores o esfuerzos?

Teme no ser valorada a pesar de su esfuerzo

Le frustra ser dependiente económicamente

6. ¿Qué beneficios espera?

Reconocimiento
Momentos felices en familia
Viajes y comodidad
Afecto y cercanía con familiares

Si tu fueras el director de la Dulcería La Chatita y ahora que conoces más a su cliente, que estrategias implementarías para:

- Encontrar más clientes
- Lograr que tus clientes actuales sean fieles a tu marca
- Desarrollar nuevos productos y servicios
- Desarrollar una campaña de mercadotecnia
- Desarrollar sistema de venta y de creación de experiencias dentro de tu tienda

Capítulo 5

Value Proposition Canvas

El Value Proposition Canvas (VPC) es un método que de forma gráfica nos ayudará a enlazar las necesidades del cliente con la propuesta de valor del negocio. Es decir, su principal uso es para la creación de productos y servicios en base a necesidades reales del cliente.

Este modelo fue desarrollado por Alexander Osterwalder y es complemento del Business Model Canvas, una metodología para desarrollar el modelo de negocio.

La metodología Business Model Canvas parte de la idea de que para que un negocio sea exitoso debe crear valor en los consumidores o usuarios finales. Y el lienzo Value Proposition Canvas (VPC) es como una mirada profunda a esa relación Producto-Cliente y se convierte en un complemento del Business Model para lograr la entrega y percepción del valor que ofrece la empresa.

El lienzo de VPC se divide en dos

La parte izquierda trata del producto y la parte de la derecha del cliente y las flechas del centro señalan la relación

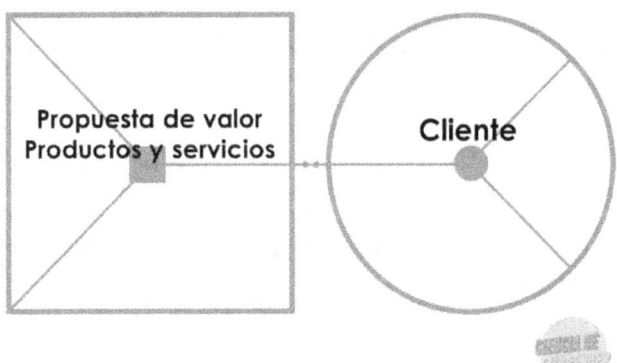

directa que debe haber entre uno y el otro

Cliente

La parte derecha del lienzo busca empatizar con el cliente para identificar lo que pudiera ser de valor para él en relación a nuestra empresa.

Este lienzo se llena con datos recabados mediante la observación y la empatía. Al igual que el diagrama de empatía, lo ideal es realizar esta labor en equipo para lograr obtener diferentes puntos de vista

Las 3 áreas que se analizan del cliente son:

1. **Customer Jobs – Tareas del cliente:**
   Son las actividades a las que los clientes se ven sometidos para

solucionar sus necesidades, pueden también ser las necesidades en sí o los problemas habituales a los que se enfrenta el cliente

Para determinar estas tareas vale la pena analizar desde tres perspectivas diferentes:
Tareas funcionales: Las tareas específicas que realiza con el fin de solucionar un problema o una necesidad
Tareas emocionales: las que realiza para fortalecer o alcanzar un sentimiento en específico como es la tranquilidad, paz, seguridad y realización personal
Tareas sociales: Las que el cliente lleva a cabo para ser aceptado o lograr ser visto por los demás de determinada forma.

2. **Pains – frustraciones :**
   En esta área se hace referencia a las situaciones no deseadas que experimentan los clientes antes, durante o después de realizar las tareas antes mencionadas. Las situaciones del "antes" pueden ser los sucesos que inducen a el cliente a buscar una solución y los obstáculos a los que se enfrenta para poder realizar las actividades. "Durante" se refiere a esas frustraciones o momentos incómodos por los que atraviesa el cliente mientras realiza la tarea. Y el "después" son los resultados no deseados que puede obtener el cliente una vez que realizó la tarea.

3. **Gains - satisfactores:**
   Se refiere a los beneficios que esperan obtener los clientes al

realizar las actividades descritas en el punto 1.

Puedes guiarte para encontrar esas satisfacciones observando
Satisfactores necesarios, son los que de no existir el resultado serpia un fracaso
Satisfactores esperado, son los que de cumplirse satisfacen las expectativas del cliente
Satisfactores deseados, son los que pudieran no realizarse y causar satisfacción, pero que de realizarse dan ese extra que el cliente busca
Satisfactores inesperados, son los resultados que se obtienen y que marcan la diferencia para crear una experiencia memorable.

Hacer este ejercicio sirve para ponernos en los zapatos del cliente y poder seleccionar cuáles son esas necesidades o actividades que vale la pena resolverle al cliente.

Lo que seguiría entonces es ordenar las actividades según algún criterio determinado por el equipo que pudiera ser: Nivel de satisfacción que alcanzaría el cliente, frecuencia en el desarrollo de la tarea, impacto en el numero de clientes alcanzado, o algún otro criterio que el equipo determine.

Producto

Una vez que determinamos las actividades o necesidades más importantes a resolver, lo que respecta al producto es encontrar la solución que nosotros podemos ofrecer para cubrir frustraciones asegurando los satisfactores que ya obtiene el cliente

Al igual que el factor **Cliente**, el factor **Producto** constas de tres áreas:

1. Productos y servicios:
   En esta área se engloban los productos y servicios que pudieran satisfacer las necesidades encontradas en el cliente

2. Pain relievers - alivio:
   Son las características que debe contener nuestro producto o servicio para aliviar directamente las frustraciones descritas en el apartado de Clientes

3. Gain creators - satisfactores:
   Se refiere a los beneficios que pretendemos alcanzar con los productos o servicios ofrecidos y que apoyan los diferentes tipos de satisfacciones que pudiera experimentar el cliente (necesarias, esperadas, deseadas, inesperadas)

Una vez que terminamos la descripción de productos y servicios lo que continuará será observar el total del lienzo, retomar la parte del cliente, volver a ver la parte de productos y hacer ajustes para que exista una relación directa entre los dos extremos del lienzo del tipo

Propuesta de valor -> <- Cliente

Con esto no quiero decir que para cada actividad del cliente debe haber un producto/servicio, o para cada dolor del cliente un alivio por parte de la empresa. Lo que debemos buscar es una propuesta de valor que satisfaga a la generalidad del cliente, que logre un impacto positivo en él y con la que como equipo nos sintamos satisfechos.

Lienzo VPC

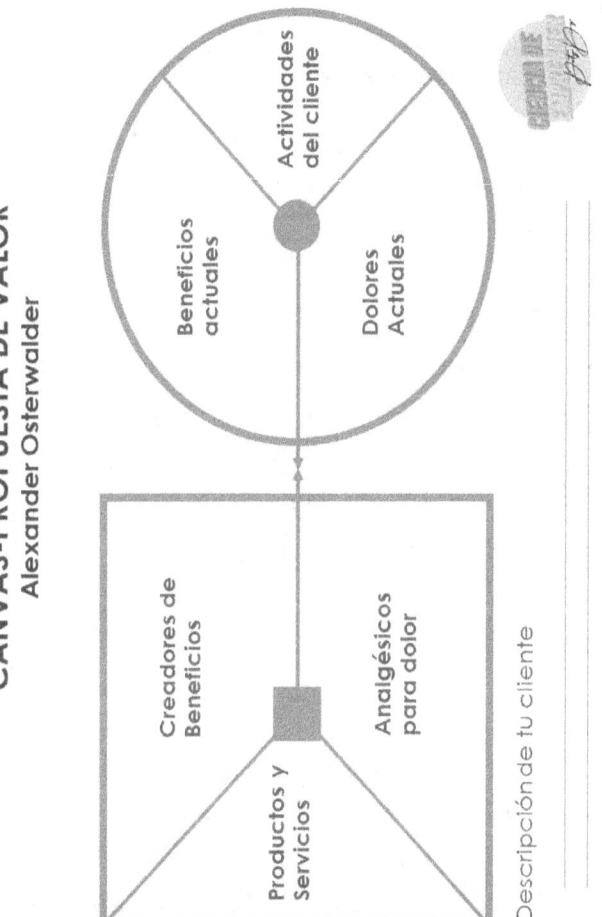

Ejemplo de Canvas-Propuesta de Valor

<u>Empresa:</u> MoneyApp

Aplicación tecnológica para realizar el presupuesto familiar y el registro de gastos

<u>Cliente:</u>

Hombre entre 30 y 50 años con ingresos propios en sueldo fijo. Casado, responsable de la estabilidad económica de su familia, con planes de crecimiento financiero y futuras inversiones.

<u>Actividades:</u>

Actividades funcionales:

Administra su sueldo sin un orden específico. Primero paga los costos fijos como renta y servicios y lo que resta lo gasta dependiendo de las necesidades que van surgiendo. Su única unidad de medidas de "éxito" financiero en el mes se basa en si logró pagar el total del saldo en la tarjeta de crédito

Actividades emocionales:

Busca pagar el total de la deuda de la tarjeta en el mes corriente, más si no lo logra paga la mayoría.

Una vez que termina el mes, busca hacer un recuento mental sobre los gastos hechos

Habla con su familia sobre la importancia de ahorrar, aunque a veces le cuesta decir que no a ciertas peticiones familiares.

Actividades sociales:

Destina una parte de su sueldo a regalos y compromisos sociales

Socialmente no habla de deudas o de problemas económicos, no solicita ayuda aunque crea que la necesite.

Beneficios

Planear gastos y registrarlo no le consume tiempo.

Sale de los gastos y compromisos familiares aunque a veces le lleve más tiempo (Usa tarjeta de crédito)

Dolores

Le estresa no saber a ciencia cierta en qué se le va el dinero

Se siente intranquilo al saber que no tiene un fondo de emergencia en caso de contingencia o desempleo

Le preocupa no poder hablar de temas financieros con su familia

Productos y servicios

Creamos una aplicación que se descarga en el teléfono celular para facilitar la elaboración de un presupuesto familiar y el registro de gastos para evaluar desempeño

Creadores de Beneficios

La aplicación es fácil de usar y no requiere de mucho tiempo adicional para llevar el registro de gastos

La plataforma es amigable por lo que el usuario no gasta tiempo en entender su funcionamiento

Tiene un apartado especial para crear ahorro que permita tener un fondo de emergencia y fondo destinado a inversiones

Tiene mensajes y complementos que refuerzan las emociones de control, seguridad y tranquilidad mientras está en uso

<u>Analgésicos para el dolor</u>

Al final del mes se entregan reportes visuales fáciles de interpretar que refuerzan los aciertos hechos por el usuario y motivan a mejorar

Se tiene un apartado especial para destinar ahorro de forma automática para formar el fondo de emergencia

Contiene un programa de capacitación on-line de forma asíncrona para el usuario y para la familia. Para que en todo momento el usuario se sienta apoyado por sus seres queridos.

Capítulo 6

Jobs to be done

Esta metodología popularizada por Clayton Christensen desde 1997 no podía faltar en esta lista de herramientas para conocer a tu cliente, su filosofía se basa en encontrar los verdaderos motivadores que hacen que los clientes compren.

Como lo explico en el libro Emprende en Grande, una persona que compra un horno microondas no está comprando un horno per sé, está comprando **tiempo**, al calentar sus alimentos directamente en el plato de forma rápida; otros estarán comprando **integración de un equipo**, porque están armando un comedor para empleados en su centro de trabajo. Así cada comprador tendrá necesidades personales que buscará satisfacer con el mismo horno de microondas.

Esta metodología lo que pretende es tomar en cuenta esas diferentes necesidades del cliente y descubrir el verdadero valor que el cliente pretende recibir de tu producto o servicio para con ello asegurar que tu producto entregue ese valor y para hacer una estrategia de marketing de acuerdo a lo que el cliente, de forma consciente o inconsciente busca.

La pregunta a resolver con esta metodología no es ¿Qué es lo que el cliente quiere comprar? El cuestionamiento a responder es: ¿Qué es lo que el cliente quiere resolver?

Jobs to be done, se refiere a esas tareas que las personas requieren realizar para satisfacer determinadas necesidades, tareas que pueden tener una dimensión funcional, social o emocional.

Con esta metodología se pretende que las empresas entiendan qué trabajos de forma periódica deben hacer sus clientes y en base a esto puedan diseñar productos y experiencias enfocadas a resolver los problemas.

La metodología se base en la observación y análisis de datos reales. Emplea encuestas a usuarios, encuestas a empleados, competidores y a toda persona o empresa que pudiera ofrecer información sobre el comportamiento y deseos del cliente.

Pasos de esta metodología:

1. Identifica los "Jobs to be done" del cliente
2. Clasifica las tareas en principales y secundarias tomando en cuenta el impacto

funcional y emocional que de ser resueltas el cliente satisface
3. Define los competidores. Analizando qué otros productos/servicios satisfacen las necesidades del cliente, independientemente de si el producto es igual al tuyo o es completamente diferente pero, al igual que tu producto, satisface la necesidad del cliente.
4. Innova realizando mejoras o adecuaciones a tu producto/servicio
5. Crea las declaraciones adecuadas para dar a conocer tu producto a los clientes
Acción + objeto + contexto

Cuándo utilizar la metodología Jobs To Be Done

Puedes utilizar esta metodología si lo que deseas es:

- **Decidir en qué mercado entrar.** Identificando el público objetivo que comparte el problema que será resulto.
- **Innovar y desarrollar productos.**
- Buscando resaltar y eficientizar las bondades del producto que ofrecen la solución que el cliente busca
- **Crear nuevos productos.** Disminuyendo el riesgo de fracaso de nuevos productos que nacen resolviendo un problema en específico.

- **Mejorar estrategias de marketing**
  Enfocando los esfuerzos para dar a conocer las bondades del producto que el cliente busca.

Ejemplo de uso de la herramienta Jobs to be Done

Empresa: Amolli

Jabones artesanales realizados con hierbas y aceites aromáticos

Cliente:

Mujer de 20 a 35 años con gusto especial por el cuidado personal, la naturaleza, la meditación, la tranquilidad

1. "Jobs to be done"
   a) La clienta quiere disfrutar de los beneficios de la aromaterapia y el cuidado de su piel.
   b) Disfruta la sensación de utilizar ingredientes libres de químicos en su piel
   c) Disfruta cuidar su apariencia personal a través de tener un jabón con beneficios específicos para diferentes partes de su cuerpo (cara, cuerpo, manos, higiene íntima, pies)
   d) Siente satisfacción al saber que ayuda a los artesanos de su país y pequeños emprendedores.
   e) Le gusta traer en su bolsa productos naturales y ecológicos que le ayudan a mantener limpias sus manos

f) Le gusta la sensación de compartir sus rituales de cuidado de la piel con sus amigas
g) Le desagrada abrir un paquete de jabones envueltos en plástico, papel y cartón que contamina el planeta

2. Clasificación de las tareas:
Tarea a) - Principal
Tarea b) - Principal
Tarea c) - Principal
Tarea d) - Secundaria
Tarea e) - Principal
Tarea f) - Secundaria
Tarea g) - Secundaria

3. Competencia
Productos naturales de venta por catálogo

Otros pequeños empresarios que realizan jabones
Proveedores de materiales para hacer jabones en casa
Aceites y cremas para el cuidado de la piel

4. Innovaciones al producto

Jabones envueltos en telas reusables de materiales no sintéticos

Variedad de jabones dependiendo del tipo de piel y el área a cuidar
Paquetes promocionales y sistemas de suscripción para que siempre tengas jabones en casa

Al comprar un jabón se destina parte de las ganancias a el desarrollo de comunidades indígenas

Se entregan regalos a las personas suscritas para relajar y alegrar el ambiente y/o hacer más placentero el uso del jabón (velas, aromatizantes, esponjas, todas de origen natural)

5. Declaración:
   Acción + objeto + contexto

   Ama la naturaleza mientras nutres tu piel

Capítulo 7

Custumer Journey Map

El Customer Journey Map (CJM) es una herramienta utilizada en varias facetas de la metodología de Design Thinking

El objetivo es, a través de analizar la experiencia del cliente a lo largo de todo el proceso, desarrollar mejoras e innovaciones que nos permitan mejorar el servicio, satisfacer mejor al cliente y fortalecer la empresa.

Elementos involucrados Customer Journey Map

Los elementos que se plasman en este lienzo de Customer Journey Map son:

- La trayectoria del cliente
- Línea del tiempo

- Actividades involucradas a lo largo del camino del cliente en nuestra empresa
- Experiencias positivas del cliente
- Experiencias negativas del cliente
- Elementos visibles al cliente
- Elementos invisibles al cliente

Este mapa se puede hacer de todo el recorrido del cliente desde el deseo de adquirir el producto o servicio hasta el momento en el que termina la vida del producto/servicio
Pero también se puede hacer de solamente una parte del proceso, todo depende de la profundidad y el enfoque en el que se quiera trabajar o el área de la empresa a mejorar

Se puede trabajar en él para mejorar la experiencia de clientes externos o de clientes internos de la empresa

Para explicarlo, me parece mejor hacerlo mediante un ejemplo sencillo

Ejemplo de Customer Journey Map:

Pastelería La Delicia del Norte.

Esta pastelería vende solamente productos para el consumo fuera de la tienda. No tiene mesas para comensales.

1. Definir las actividades del cliente:
a) Entrada al local

b) Revisa los pasteles que hay en existencia
c) Pregunta por sabores e ingredientes
d) Revisa precios y tamaños
e) Elige el pastel
f) Paga e caja
g) Sale de la tienda

2. Graficar en la línea del tiempo las actividades y calificar como "experiencia positiva" o "experiencia negativa"

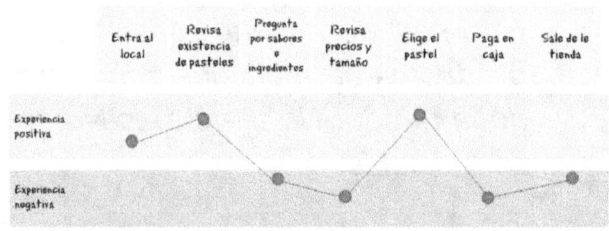

3. Identificar los puntos de interacción con el cliente y las

actividades que se realizan fuera de la vista del cliente dividiéndolas en actividades que se hacen "mientras el cliente está" y las actividades que se realizan "mientras el cliente no está"

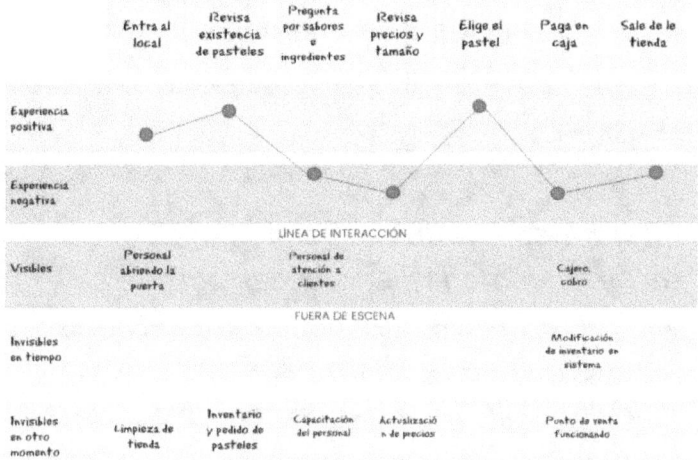

4. Analizar posibles mejoras poniendo especial interés en las experiencias negativas del cliente

En nuestro ejemplo de pastelería, el cliente atraviesa por 4 momentos negativos. 1) al momento de decidir el pastel, 2) al momento de revisar precios 3) al momento de pagar 4) al momento de salir de la tienda

Analizando y empleando algunas técnicas como la de 5 veces porqué se vio que a los clientes no les gusta tomar decisiones, no le gusta pagar y se le dificulta salir de la tienda con un pastel en mano

Las mejoras que se hicieron para contrarrestar estos puntos son:

¿En verdad sabes quién es tu cliente? - Patricia Díaz

- Tener un "pastel del día" que facilite la decisión del cliente y tener una pantalla dinámica de "pastel más vendido del mes" para que el cliente pueda tomar de referencia
- Contar con una tarjeta de cliente frecuente para que al momento de pagar, el cliente asocie el pago con una futura recompensa, entre más pago, más recompensa
- Abrir al cliente la puerta para que no tenga que maniobrar con un pastel mientras abre la puerta

El *Customer Journey Map* final quedaría:

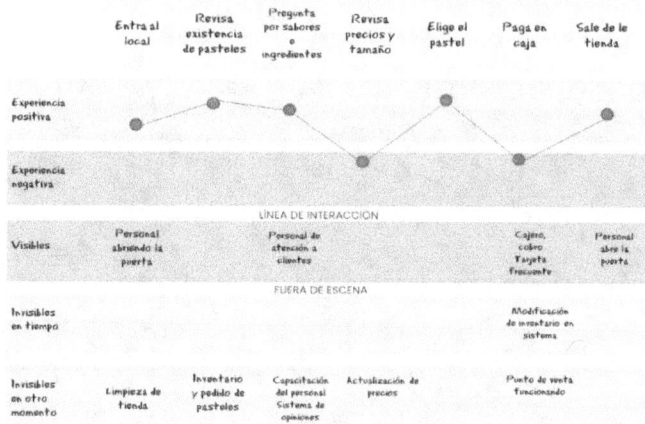

Debajo de la línea de Interacción se pondrán las actividades que para realizarse se requiere de la interacción de nuestro personal o empresa el con cliente. Identificarlas ayudará al momento de analizar mejoras.

De igual forma las actividades o elementos que se hacen atrás de escena, serán de gran ayuda al momento de evaluar mejoras y actividades por hacer para que las actividades de interacción con el cliente sean exitosas

Conclusiones

Acabas de conocer las 6 herramientas que, desde mi punto de vista, te pueden ayudar en mayor medida a conocer mejor a tu cliente y empatizar con él.

Vimos también cómo estas herramientas te ayudarán a tres tareas principales dentro de tu negocio

- Desarrollo de productos y servicios en base a necesidades reales del cliente
- Creación de experiencias en el servicio al cliente
- Desarrollo de campañas para promoción de productos y marcas enfocadas a determinado grupo de clientes

Ahora la pregunta que quizá te formules es

¿Qué herramienta debo utilizar?

Y la respuesta es: no te cases con solo una herramienta, pero tampoco utilices todas a la vez.

La decisión dependerá del proyecto en el que estás, la información con la que cuentes y los resultados que desees.

Lo más importante es que logres conocer las necesidades del cliente, y poner al cliente en el centro de diseño de productos, servicios, procedimientos y campañas. Hacerlo de esta forma te dará la oportunidad de conectar con tu consumidor, lograr su preferencia y así, fortalecer tu empresa.

El proceso que te recomiendo utilizar para el diseño de productos, servicios, procedimientos y campañas de los que hablamos es la metodología Design Thinking que consta de 6 pasos que te enlisto a continuación:

1. Empatiza con tu cliente
2. Observa y obtén datos sobre sus necesidades
3. Define el problema o necesidad a solucionar
4. Idea propuestas que solucionen el problema
5. Prototipa la idea antes de lanzar
6. Evalúa y haz ajustes

Recuerda que estamos en un mundo cambiante, por lo que este proceso se repite constantemente conforme la empresa crece, evoluciona y se adapta a los cambios del entorno.

***

Palabras de Jeff Bezos, fundador de Amazon, en entrevista en el año 2000

" <Somos> la compañía más centrada en el cliente de la Tierra. Y tenemos una definición muy precisa de "centrada en el cliente".

Significa escuchar, inventar y personalizar.

Así que primero tienes que **escuchar** a los clientes. Las empresas que no escuchan a los clientes fracasan.

En segundo lugar, debe **inventar** para los clientes porque las empresas que sólo escuchan a los clientes fracasan. No es trabajo de los clientes inventar por sí mismos. Nuestro trabajo en amazon.com es inventar cosas como One Click y otras cosas como por ejemplo un rango de ventas que va de uno a dieciocho millones; ese tipo de cosas que realmente les gustan a los clientes, es nuestro trabajo, no el suyo pensar en ello.

*Y tercero es **personalizar**, tomar a cada cliente individual y ponerlos en el centro de su propio universo"*

Nota:

Los ejemplos al final de cada capítulo, aunque basados en situaciones reales, son de empresas ficticias. Cualquier similitud en nombres y características es mera coincidencia

¿Quieres tener acceso a contenido similar a éste que te ayude a hacer crecer tu empresa?

Acércate a La Ciencia de Emprender

Un programa que te ayudará a través de sus productos y servicios a fortalecer tu empresa basándola en 3 pilares principales:

- ✓ Operación
- ✓ Finanzas
- ✓ Mercadotecnia

En La Ciencia de Emprender te ofrecemos material gratuito y material de paga como: Podcast, cursos grabados, cursos virtuales en vivo, mentorías grupales, mentorías individuales, artículos y libros.

Todos te proporcionarán herramientas y conocimientos que en la práctica arrojan resultados palpables y medibles.

Libro: Emprende en Grande

https://www.amazon.com.mx/Emprende-Grande-claves-emprendedores-%C3%A9xito-ebook/dp/B07YVNJGN2

Podcast La Ciencia de Emprender en Ivoox

https://mx.ivoox.com/es/podcast-ciencia-de-emprender_sq_f1324285_1.html

Página de Instagram

https://www.instagram.com/patricia.diaz.mx/

Referencias para continuar aprendiendo sobre este tema:

Libros:

- Generación de Modelos de Negocio
  Alexander Osterwalder; Yves Pigneur
- Diseñar el cambio: Cómo el Design Thinking transforma organizaciones e inspira la innovación
  Tim Brown
- La Experiencia Starbucks
  Joseph Michelli
- Las 22 leyes inmutables de la Marca
  Al Ries y Laura Ries
- Ideas que pegan
  Isaac Baltanás

- Sé Transparente y te Lloverán Clientes
  Pablo Herreros Laviña

Artículos:

- 6 beneficios de centrarse en el cliente
  Pablo Lischinski y Ricardo Colusso
- El Mapa de Experiencia del Cliente
  Alfonso Prim
- Customer Jobs
  Hcoloma-leannovators.tec
- Buyer persona
  Vitor Pecanha
- Entiende las motivaciones de tu público con la metodología Jobs To Be Done
  Camila Casarotto

Video:
Entrevista de Charlie Rose a Jeff Bezos año 2000
https://charlierose.com/videos/17540

Acerca de la autora:

Patricia es una emprendedora con más de 24 años de experiencia. Para ella, haber emprendido es una de las mejores decisiones que ha tomado en su vida, pues le han permitido aprender sobre teorías que llevadas a la práctica le han dejado innumerables aprendizajes y le han permitido desarrollarse personal y profesionalmente.

Patricia es egresada del ITESM de la carrera de Ingeniería Industrial, actualmente es fundadora y directora de La Puntada, empresa franquiciada dedicada al cuidado de ropa.

Su auténtico gusto por compartir le han permitido ejercer como profesor de cátedra del ITESM en las áreas de incubación de empresas y programas de emprendimiento. Es además conferencista en temas de

¿En verdad sabes quién es tu cliente? - *Patricia Díaz*

emprendimiento y finanzas personales, es autora del libro Emprende en Grande, escritora de opinión en el periódico Vanguardia y fundadora del podcast La Ciencia de Emprender

www.ingramcontent.com/pod-product-compliance
Lightning Source LLC
Chambersburg PA
CBHW070427220526
45466CB00004B/1572